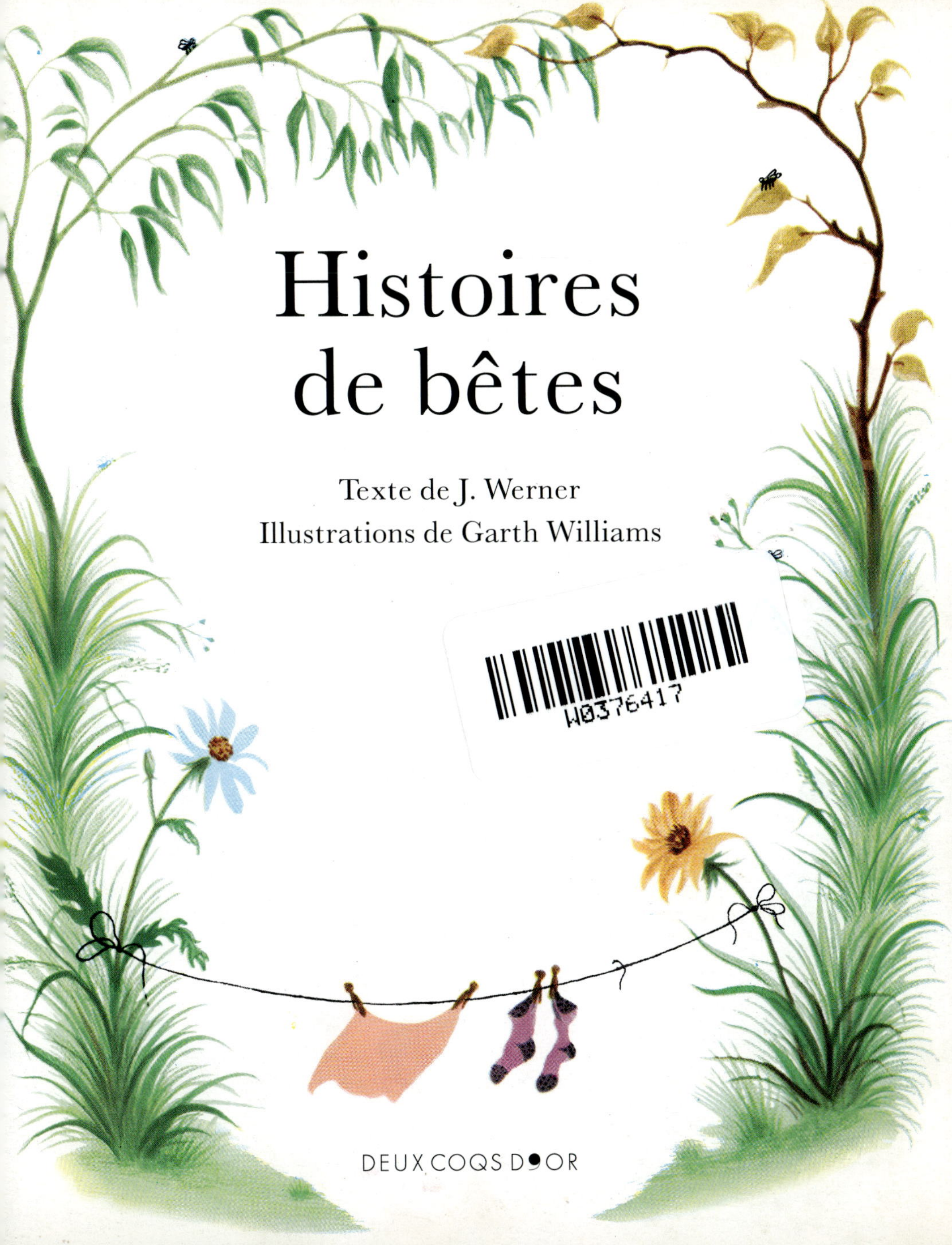

Histoires de bêtes

Texte de J. Werner
Illustrations de Garth Williams

DEUX COQS D'OR

Mlle Minette et M. Petit Chien, Lapin Brun, Petit Poussin, Ecureuil Agile, Tortue Nonchalante et Oiseau Babillard vivaient dans une petite maison au fond des bois.

Chacun avait son armoire, sa chaise et son lit.

Tout allait bien tant qu'ils jouaient, dormaient ou tenaient la maison propre ; mais ils ne s'entendaient pas pour les repas.

Quand Mlle Minette faisait la cuisine, ils avaient du lait et des petits morceaux de foie.

M. Petit Chien trouvait le foie à son goût, mais les autres étaient malheureux.

Et ils n'aimaient pas davantage les os à moelle que M. Petit Chien leur servait à son tour.

Quand Lapin Brun fixait le menu, il choisissait des feuilles de laitue et des rondelles de carottes.

Mais Oiseau Babillard était le seul à y toucher. Et encore celui-ci désirait-il surtout des graines et des vers.

Quand Oiseau Babillard servait des graines et des vers, seul Petit Poussin les mangeait.

Et Petit Poussin aurait préféré de bons, de délicieux petits insectes.

Tortue Nonchalante mangeait bien ces insectes, mais les œufs de fourmis étaient son vrai régal.

Ecureuil Agile voulait des noisettes et toujours des noisettes. Les autres ne pouvaient pas en entamer une seule, et ils étaient tous affamés quand l'Ecureuil préparait les repas.

Finalement, tous comprirent qu'il fallait faire quelque chose. Ils se réunirent un soir devant un bon feu et parlèrent de leurs affaires.

« Je veux du lait et du foie au lieu d'insectes et de graines, dit Mlle Minette.

— Il me faut, dit M. Petit Chien, de la viande et des os tous les jours.

— A moi, des noisettes, dit l'Ecureuil, et je les trouverai bien tout seul.

— Des œufs de fourmis, dit en bâillant la Tortue.

— De la laitue bien croquante, ajouta le Lapin.

— Des graines avec quelques vers, et je serai chez moi, dit l'Oiseau en rêvant.

— Il faut être chacun chez soi » , dit le petit Chien. Et tout le monde fut de son avis.

Aussi, le lendemain, au point du jour, ils se firent des adieux touchants.

L'Ecureuil décida de rester là.

Bientôt il n'y eut partout à la maison que des noisettes et des noix : dans le fourneau, dans le buffet et jusque dans les lits.

Il y avait à peine assez de place pour l'heureux petit Ecureuil.

Les autres arrivèrent à un jardin potager planté de légumes appétissants.

« Voilà la maison qu'il me faut ! » dit Lapin Brun, et il s'installa au pied d'un gros arbre.

Petit Poussin trouva un parc à volailles plein de beau gravier crissant et d'insectes bons à croquer.

« Je reste ici ! » dit joyeusement Petit Poussin, en se faufilant à travers le grillage.

Tortue Nonchalante trouva un étang avec une belle souche d'arbre pour faire la sieste, près de laquelle se trouvait une fourmilière active, remuante, pleine d'œufs tels que les aimait la Tortue.

Oiseau Babillard trouva un nid dans un arbre au-dessus de l'étang d'où il voyait tout à l'entour, les graines sur les tiges et les vers sur le sol.

« Voilà ma maison ! » chanta l'Oiseau gaiement.

Mlle Minette continua son chemin et arriva enfin à une maison où une petite fille l'accueillit.

« Voici un bol de lait pour toi, mademoiselle Minette, dit la petite fille, et une pelote de laine pour jouer ! »

Ravie, elle s'installa dans sa nouvelle maison.

M. Petit Chien trouva un petit garçon dans la maison voisine.

Le petit garçon avait un os et de la viande pour Petit Chien, un lit pour le faire dormir et un beau collier pour lui mettre au cou.

« Ouah ! Ouah ! aboya le petit Chien. Voilà la maison qu'il me faut ! »

Ce soir-là chacun pensa : « Enfin j'ai trouvé la maison qu'il me faut, la plus belle qui soit. »

Publié avec l'accord de Western Publishing Company Inc., Racine, Wisconsin.
 Dépôt légal n° 57556 – Juin 2005 – Édition 01. ISBN : 2.01392894.7 Loi n°49-956 du 16 juillet 1949 sur les publications destinées à la jeunesse. Imprimé chez Rotolito Lombarda en Italie.